LETTRE

AU

PEUPLE ESPAGNOL

SUR L'ÉTABLISSEMENT

D'UNE RÉPUBLIQUE FÉDÉRATIVE

EN ESPAGNE

Par M. James FAZY

Ancien membre de la Diète Constituante de la Confédération suisse
et ancien Président du Conseil d'État
de la République et Canton de Genève

PARIS

ROY, LIBRAIRE - ÉDITEUR

Agence de Journaux, 13, rue du Croissant

1869

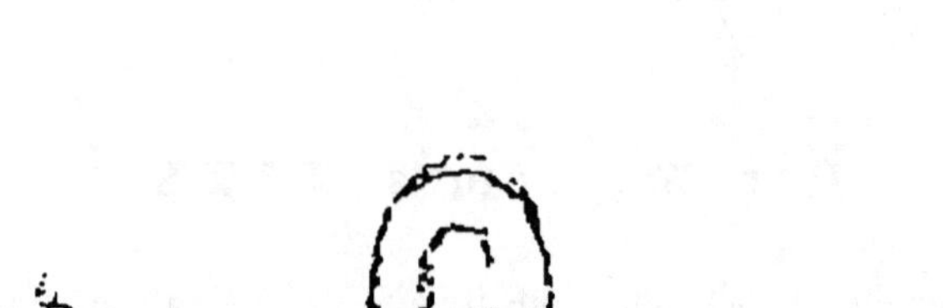

LETTRE

AU

PEUPLE ESPAGNOL

Par JAMES FAZY

Sera-t-il permis à un vétéran de la liberté, et qui a contribué pour sa part à la reconstitution de la Confédération suisse, de vous adresser quelques conseils sur la meilleure forme de gouvernement que vous puissiez adopter dans les circonstances où vous vous trouvez?

Vous êtes libres de tout engagement monarchique; vous vous êtes affranchis du prétendu droit divin. Si vous choisissiez aujourd'hui la forme monarchique pour vous constituer, ce serait tout simplement comme la considérant la meilleure pour vous assurer la liberté, l'ordre, le repos et la prospérité. Ce ne serait donc que comme un excellent organisme politique que vous l'adopteriez. Or, cette manière de poser la question, dans l'état d'affranchissement où vous vous trouvez, c'est déjà la république. Il ne s'agit plus que de savoir si cet intrument royal est aussi bon que vous le supposez. Si vous ne prenez un roi que comme premier magistrat, ce n'est plus de la monarchie. Vous aurez beau faire, un monarque élu n'est toujours qu'un chef de république. Si vous avez pu élire une fois un roi, vous pourrez toujours en élire un autre quand il sera mort. Le droit reste le même que lorsque vous en avez usé une première fois. Or, sans hérédité, qu'est-ce qu'une monarchie?

Il n'y en a de possible et de réelle que lorsque le droit à occuper le trône préexiste en dehors de la nation elle-même, et que le monarque et le peuple traitent de puissance à puissance. Il faut pour la réalité de la monarchie que le droit du prince soit quelque chose d'indiscutable qui se soutienne par lui-même et se refuse à l'examen. Or, dans l'état de notre civilisation actuelle, un tel pouvoir peut-il exister, surtout là où l'on a fait table rase, où la famille régnante est expulsée?

Fonder une nouvelle dynastie a toujours été une chose difficile, et si le monarque que vous élirez se le met en tête, vous courrez grand risque de voir se confisquer une à une toutes les libertés que vous avez conquises et proclamées, et l'ordre et le repos que vous croiriez avoir assurés par la forme monarchique courraient le danger d'être compromis précisément par ce pouvoir même, auquel vous auriez attribué l'effet magique de vous assurer cet ordre et ce repos. Tout le bénéfice que vous aurez cru obtenir par la forme monarchique vous échappera par les besoins de cette forme elle-même, si elle se prend au sérieux et veut être autre chose qu'une première magistrature.

Or, ce que vous voulez dans ce moment, c'est bien positivement, non pas un monarque réel, mais un premier magistrat. Dès que vous le voulez ainsi, je vous le répète, c'est déjà la république.

Maintenant, puisque vous y êtes, pourquoi reculer et ne pas vous y mettre davantage, en écartant toute équivoque et n'examinant la question qu'au point de vue pratique, et en scrutant si vous ne trouverez pas bien mieux ce que vous cherchez dans un organisme purement républicain que dans une haute magistrature sujette à bien des inconvénients ?

Le premier de tous ces inconvénients c'est de maintenir chez vous une centralisation unitaire qui a été une des causes de dépérissement et d'épuisement de vos ressources ; car, notez-le bien, si je vous conseille la république, c'est la république fédérale, la seule qui convienne à votre pays et celle qui, par elle-même, offre le plus de moyens d'assurer à la fois la liberté, la prospérité publique, l'ordre et la sécurité que vous recherchez.

Si je vous propose donc la république, c'est comme moyen d'ordre bien plus efficace qu'une monarchie réelle, et à bien plus forte raison qu'une monarchie bâtarde.

La république comme moyen d'ordre, de stabilité, de sécurité pour tous, voilà ce que je vous propose. Ce n'est pas la république unitaire, la république révolutionnaire, c'est la république fondée sur la liberté individuelle, comme point de départ et base sacrée d'institutions que nul ne puisse enfreindre, pas plus l'État que les exigences générales.

C'est la république fédérative suisse, la république de l'Amérique du Nord, en un mot la confédération de diverses républiques s'unissant dans une assurance mutuelle des droits des particuliers, des communes et des États garantis fédéralement.

Je me trouve autorisé à vous parler de ce modèle par une assertion du gouvernement provisoire qui vous régit en ce moment, lequel prétend, dans son manifeste du 11 janvier, que la forme républicaine fédérative qui vous est proposée par une partie notable de la nation « constituerait une dangereuse expérience, d'une forme nou- « velle, sans précédents historiques en Espagne, *et sans exemple en « Europe qui soit digne d'être imité.* »

Peut-être la nation suisse est-elle trop petite pour attirer les regards d'un grand peuple, et croit-on que ce qui peut s'appliquer avec bonheur à un petit pays ne pourrait pas réussir de la même manière dans un d'une plus grande superficie ? Ceci serait un argu-

ment bien superficiel, et si l'on allait du petit au grand, on pourrait
dire que l'Amérique du Nord ne dédaigna pas d'imiter la Suisse,
alors aussi petite qu'aujourd'hui, lorsqu'elle fonda son indépendance,
et que, sous ce régime d'ailleurs perfectionné par elle, la plus puissante république que le monde ait vue apparaître a été fondée.

L'exemple d'une confédération républicaine fédérative, marchant
avec plus de sûreté qu'une monarchie, donnant bien plus qu'elle,
nous le répétons, ce qu'on attend d'une monarchie, l'ordre et la stabilité, est là, quoi qu'on en dise, sous nos yeux en Europe.

Il y a en Suisse une bien plus grande diversité d'Etats qu'en
Espagne : on y parle trois langues, on y a des intérêts très opposés
entre cantons, et pourtant tout est concilié par la forme fédérative
perfectionnée qu'on a établie.

Cette forme assure les libertés que dans son premier élan l'Espagne a proclamées comme la base fondamentale de son avenir.
Peut-on dire qu'une monarchie les assurerait de même? Jusques
à présent c'est bien là un exemple que l'Europe n'a pas donné. Combien de fois toutes ces libertés ont été proclamées dans différents
pays, et toujours plus ou moins confisquées, amoindries, ou tout à
fait supprimées dans des intérêts de monarchie ayant aussi une ori-
gine populaire, et sortant, comme vous le proposez, du libre choix
du peuple.

Si donc la monarchie ne garantit pas les libertés que la république fédérative assure, et si d'un autre côté le système fédéral de
république donne à un plus haut degré encore que la monarchie
l'ordre et la sécurité, quel devrait être, dans la position où est l'Espagne, le choix qu'elle aurait à faire?

C'est là ce que j'essaie de résoudre dans cette lettre.

Ce que je voudrais prouver, c'est que la république fédérative
vous préservera bien plus de tous désordres que la monarchie, quelle
qu'elle soit.

Mais entendons-nous : si la république fédérative peut se vanter
de cette excellence, quand la république unitaire ne saurait l'affirmer
de la même manière, il faut encore distinguer entre les diverses
formes fédératives qui ont uni ensemble des peuples divers.

Nous en avons fait la triste expérience en Suisse, la fédération n'est
efficace qu'autant qu'elle est constituée à la fois sur la représentation
au centre fédéral de chacun des Etats, et la représentation du peuple
dans son ensemble.

Les confédérations d'Etats n'ont jamais rempli l'objet qu'on se
propose aujourd'hui, de former une seule nation des Etats confédérés, tout en leur laissant leur individualité sur tout ce qui ne
constitue pas les attributions fédérales soigneusement distinguées
des attributions du gouvernement des Etats.

Ce sont les Etats-Unis de l'Amérique du Nord qui ont trouvé le
secret de donner à une confédération la double destination de garantir non-seulement l'intégralité des Etats confédérés contre les atta-
ques de l'étranger, mais de garantir aussi dans chaque Etat les

libertés des citoyens et l'indépendance de chacun des Etats, sous un gouvernement régulier.

C'est en composant le gouvernement fédéral de la représentation des deux intérêts vivaces, l'Etat d'une part et le peuple d'une autre, qu'on est parvenu à construire ce chef-d'œuvre de gouvernement qui unit entre eux des Etats les plus divers, les fait agir en commun, et ne leur permet jamais, soit d'opprimer les citoyens, soit de se quereller entre eux. L'ancienne Grèce, dans la ligue des amphictions et la ligue achéenne, ne sut pas trouver cette forme ; elle fut constamment livrée à la guerre civile, et finit par succomber sous les efforts d'une monarchie, faute d'un lien aussi bien entendu. Alors le gouvernement représentatif n'était pas inventé, et l'idée d'une confédération organisée d'après cette forme ne pouvait pas venir aux Grecs.

Ils ne pouvaient en concevoir une que sous la forme d'une alliance entre Etats, alliance toujours précaire, par suite des rivalités et des malentendus qui ne peuvent manquer de naître entre ces Etats. Plus tard, toutes les alliances fédérales subirent les mêmes mécomptes. Si les républiques italiennes du moyen âge avaient connu la forme fédérative adoptée aujourd'hui par les Etats-Unis d'Amérique et la Suisse, il est probable que l'Italie serait restée une grande et puissante confédération républicaine ; il en est de même des villes anséatiques ; l'Allemagne serait peut-être une grande république fédérative, ou du moins plusieurs contrées de l'Allemagne, si la véritable forme fédérative avait pu leur être appliquée. La Suisse seule s'est maintenue, parce que déjà, dans sa forme, il y avait quelque chose de la forme américaine, mais très incomplet.

La représentation directe des intérêts de l'ensemble du peuple de la Confédération suisse, quoique sous-entendue dans les pouvoirs que l'on donnait aux députés à la diète, était loin d'être bien caractérisée dans les garanties réciproques que se donnaient les cantons pour leurs constitutions respectives. Il y avait plutôt une assurance mutuelle des diverses aristocraties que de la liberté des citoyens ; il y avait aussi une large place laissée aux rivalités entre les cantons, et la guerre civile éclata plus d'une fois, entre autres à l'occasion de débats religieux. Lorsque survint la révolution, on ne sut pas encore trouver le véritable remède, on décréta une république unitaire, qui semblait devoir remplir l'objet auquel on aspirait, mais qui se montra impuissante et arbitraire vis à vis de vieilles habitudes cantonales qu'on pouvait laisser subsister sans que cela troublât l'harmonie de l'ensemble.

En Suisse, ce n'était pas de l'unité qu'il fallait, mais tout simplement de la centralisation sur les objets fédéraux, ce qui n'ôtait rien à la souveraineté des cantons, puisque cette centralisation n'existait pas et qu'elle était tout entière à créer. Le pacte de 1815, qui était un retour au cantonalisme, ne trancha pas encore la question, quoiqu'il garantît aux citoyens quelques-uns des droits politiques les plus essentiels, tout en garantissant les constitutions cantonales. Mais, faute d'une représentation directe du peuple, les droits des citoyens

furent méconnus dans plusieurs cantons; des révolutions y éclatè-
rent; enfin l'antagonisme entre les idées progressives et les vieilles
aristocraties amena une explosion générale, dans laquelle sept Etats
formèrent un pacte séparé pour combattre le mouvement général
qui se manifestait.

Il fallait dissoudre cette alliance, et ce fut alors que la Confédération parvint enfin à se constituer de manière à assurer à la fois la
souveraineté cantonale, la liberté des citoyens et à créer une administration fédérale chargée de tous les objets d'un intérêt purement
fédéral, comme la défense du territoire, les douanes, les postes et
autres objets de création moderne, comme chemins de fer, télégraphes, etc. Pour bien assurer cette forme, on établit deux représentations au centre fédéral : l'une du peuple, dans son ensemble et
suivant la population ; l'autre des cantons, dont chacun envoie un
nombre égal de députés. Ces deux représentations assurent aux
citoyens leurs droits politiques garantis par la confédération, et
l'intégralité de chaque canton, qui reste maître chez lui en tout ce
qui ne concerne pas l'intérêt commun fédéral. Ces deux représentations nomment un pouvoir exécutif fédéral, composé de sept per-
sonnes, et un tribunal fédéral pour juger les questions fédérales.

Le pouvoir exécutif fédéral ne peut rien entreprendre contre les
droits des citoyens et des cantons; il n'a à sa disposition aucune
armée permanente, il ne peut mettre en marche que des milices, qui,
quoique organisées fédéralement, s'exercent en partie dans leurs
cantons respectifs, et dont les officiers sont nommés par les cantons,
sauf un état-major fédéral qui est à la nomination du conseil fédéral.
Il n'y a de la part du centre aucun moyen de dominer l'ensemble
autrement que dans l'exercice de ses attributions clairement définies.
Cette combinaison ne permet aucun coup d'Etat et ne laisse pas le
jour à l'anarchie; tout est réglé d'avance de manière à être résolu
pacifiquement.

Tout est si bien calculé sous cette forme, que, depuis vingt ans qu'elle
a été introduite en Suisse, elle a marché sans aucun embarras, si
bien que les cantons qui avaient été les plus opposés à cette réforme
ne voudraient plus retourner à l'ancien pacte ; les plus entêtés des
retardataires et des doctrinaires bien pires qu'eux encore sont obligés
de reconnaître qu'ils s'étaient trompés en s'opposant à cette réforme,
qu'ils accusaient de vues unitaires.

La vérité est que cette forme remplit toutes les conditions d'un
bon gouvernement; elle laisse aux intérêts locaux fondés sur la position géographiphe, sur l'histoire, sur la langue, sur de certaines
habitudes, toute leur force ; elle n'exige de chaque canton que la
reconnaissance des droits politiques essentiels sans lesquels aucune
constitution cantonale ne peut être garantie. D'un autre côté, la
centralisation fédérale ne s'exerce que sur des objets d'un intérêt
commun et au profit de tous. Elle n'ôte rien à personne, elle ajoute
au pouvoir de tous.

L'expérience d'une semblable confédération a confirmé tout ce

que la constitution fédérale de l'Amérique du Nord avait déjà dé
montré. Là aussi les premiers pas de la confédération furent difficil
et embarrassés, parce qu'on n'y avait pas encore trouvé la forr
actuelle, qui fut une inspiration de Franklin et de Jefferson. C'e
une découverte dans la science de l'organisation politique des s
ciétés, aussi importante qu'en industrie les applications de la vapeu
c'est le gouvernement normal de la future humanité.

L'expérience américaine, bien plus longue que celle de la Suiss
ne s'est jamais démentie ; elle a surmonté tous les obstacles. I
guerre civile qui a éclaté à propos de l'esclavage n'est pas une preu
contre cette forme. C'est un objet contraire aux vrais principes
cette forme, l'esclavage, qui a été cause de cette guerre ; une te
forme n'est complète qu'autant qu'elle s'assied sur la liberté et l'ég
lité de tous les membres de la confédération, et la manière dont c
principes ont triomphé est plutôt une confirmation qu'une déviatio
de la forme fédérale, qui est restée telle quelle et a triomphé de to
ce qui lui était contraire.

Sur quelques points, il y a divergence entre la Confédération am
ricaine et celle de la Suisse.

Le pouvoir exécutif n'est pas confié en Suisse à un président, ma
à un conseil. Est-ce un progrès ? Nous reviendrons à discuter
point dans son application à l'Espagne.

Ce qui est incontestable, c'est que cette forme fédérative, tou
nouvelle dans l'histoire du monde, a fait ses preuves de la manié
la plus positive, et quand des publicistes attaquent la forme répu
blicaine, ce n'est pas celle-là qu'ils entendent, elle est peu connu
mais en général la république unitaire telle qu'elle est apparue
France, ou des républiques fédératives constituées sur l'ancie
modèle.

On citera des fédérations de l'Amérique espagnole qui n'ont pa
réussi ; mais aucune n'avait adopté complètement la forme
l'Amérique du Nord ; c'étaient toujours des alliances d'Etats,
non pas des confédérations sur la base des deux intérêts d'Etat
de citoyens.

Ce que nous conseillons donc à l'Espagne, ce n'est pas ce qui a é
si diversement critiqué, mais ce qui, n'ayant pas encore échoué
semble remplir toutes les conditions d'une bonne reconstitution d'u
pays qui se trouve libre de ses destinées politiques.

Comment un pareil gouvernement pourrait-il s'appliquer
l'Espagne ?

Il me semble qu'il n'y a pas de pays qui se trouve plus prédestin
à cette forme et qui soit mieux préparé à la recevoir. Dès longtemp
les divisions provinciales y existent, elles ont déjà formé des Eta
séparés, possédant chacun leurs institutions particulières, et ce n'es
qu'avec peine, en contrariant des habitudes locales respectable
qu'on est parvenu à centraliser l'Espagne. On n'a même pas pu e
venir tout à fait à bout, et il existe encore des provinces où il s
trouve des corps particuliers de représentation des intérêts de ce

localités. L'Espagne n'est unitaire que malgré elle, et malgré des intérêts de localité qu'on pouvait respecter sans nuire à l'ensemble, et qui revivraient demain au profit de tous si on leur rendait une libre issue dans leur sphère.

Rien n'est si facile que de rétablir des États ayant leur raison d'être historique et géographique, divers par leurs coutumes, le caractère de leurs habitants et leurs intérêts, dont les uns sont agricoles, les autres commerciaux et maritimes. Que chacun de ces États se reconstitue lui-même, et l'on verra renaître en Espagne la prospérité qu'une centralisation mal entendue a fait disparaître. Ce n'est pas à dire que par là l'on ferait naître des antagonismes et que l'on perdrait ce que la centralisation a de bon. Non, la forme fédérale, qui réunirait en un seul faisceau les divers États, se réserverait tout ce qui est d'un intérêt général.

Cet intérêt général formerait le lien fédéral et serait la raison d'être de la puissante confédération, qui rendrait à l'Espagne à la fois son ancien lustre et sa prospérité matérielle.

C'est ici qu'il faut bien se rendre compte de ce qui constitue l'intérêt général d'une nation comme la nation espagnole, soigneusement séparé des intérêts locaux.

Le premier bien d'un peuple, c'est la liberté ; or, la première et la plus essentielle des fonctions fédérales serait de garantir leurs droits aux citoyens de tous les États.

Trop souvent, dans l'intérieur d'une république, il se forme des factions qui tendent à dénaturer les institutions démocratiques et à faire peu de cas des droits des citoyens ; c'est là le plus grand inconvénient des républiques.

Mais cela ne se peut pas dans une république fédérative. Les citoyens ont contre les oppressions intérieures dans chaque Etat la garantie fédérale ; cette garantie prévient toutes les luttes violentes entre les partis et maintient le repos, la tranquillité et la paix. C'est en quoi cette forme l'emporte sur toutes les formes de gouvernement connues, et répond à ceux qui accusent le gouvernement républicain d'ouvrir une arène aux factions, d'engendrer des bouleversements et d'avoir peu de stabilité.

Mais, dira-t-on, si la confédération garantit à chaque État sa tranquillité intérieure, qui la garantit à la confédération elle-même, les factions peuvent l'aborder et provoquer des troubles fédéraux. Nous répondrons que cela nous paraît impossible si la forme fédérale remplit dans son organisation toutes les conditions qui en font à la fois la représentation des droits des citoyens et de ceux des Etats.

La confédération n'est rien par elle-même sans le concours des Etats et des citoyens, et c'est à la pondération de ce concours qu'il faut appliquer tout ce qui peut la maintenir dans son rôle.

Nous l'avons déjà fait remarquer plus haut, c'est à la pensée de composer le pouvoir fédéral d'une représentation de la nation dans son ensemble et suivant la population, à côté de la représentation des Etats formant un sénat, que l'on doit d'avoir pu, là où l'on en a

fait l'essai, donner à l'élément fédéral toute la force nécessaire pou[r]
maintenir les droits de tous, sans que la confédération soit elle-mêm[e]
exposée à se disloquer et à devenir l'occasion de troubles.

Pour y parvenir, il faut d'abord, dans la constitution fédéral[e]
soigneusement séparer les attributions fédérales de celles de la sou[-]
veraineté de chaque Etat, et bien définir sous quelles conditions gén[é-]
rales chacun des Etats est admis dans la confédération.

Les attributions fédérales sont celles d'un intérêt commun, tell[e]
que la garantie des droits du citoyen, l'organisation générale d[es]
milices, le maintien de la liberté des échanges entre les Etats, l[es]
traités commerciaux et autres avec l'étranger, un système monétai[re]
de poids et mesures fédéral, un service de postes fédéral, d[e]
douanes, la protection de la propriété intellectuelle, etc., etc.

La confédération ne peut voter des impôts que sur les objets de
compétence, comme les douanes et la poste ; tout autre genre d'imp[ôt]
est de la compétence des Etats. On subvient aux dépenses qui pou[r-]
raient excéder le produit des impôts fédéraux par des cotisations [de]
chaque Etat, sur une échelle de proportion suivant les ressources [de]
chaque Etat.

Sauf ces exceptions, chacun des Etats reste souverain chez lui,
pour bien faire comprendre l'équilibre d'une telle organisatio[n]
fédérale, voici comment nous en comprendrions l'application [en]
l'Espagne.

PROJET D'UNE CONSTITUTION FÉDÉRALE ESPAGNOLE

TITRE PREMIER

Article premier. — Les treize Etats (1) qui composent l'Espagne[,]
les citoyens qui l'habitent forment une confédération ayant pour but [de]
se protéger mutuellement contre l'arbitraire, de maintenir les droits [de]
tous, l'indépendance du pays, l'intégrité du territoire de chaque Etat [et]
de l'ensemble de la confédération, soutenir la dignité des Etats et c[elle]
de l'union fédérale, faire respecter les institutions des Etats et celles [de]
la confédération contre toute atteinte.

Art. 2. — La confédération reconnaît au peuple de chaque Etat [le]
droit de se constituer lui-même, sur la base du suffrage universel, [par]
une constituante, et l'acceptation des citoyens; elle garantit les différe[ntes]
constitutions qu'il se donne, à la condition qu'elles protègent la p[ro-]
priété, ne soient pas contraires à l'égalité des citoyens, qu'elles consacr[ent]
la liberté individuelle, la liberté de publier ses opinions par la parole [et]
la presse, sans aucune censure préalable, ni mesure fiscale, le droit [de]
réunion, la liberté d'industrie, la liberté religieuse, la séparation des p[ouvoirs]

(1) Nous supposons que ces gouvernements généraux formeraient chacun [un]
Etat.

voirs exécutif, législatif et judiciaire, la publicité des tribunaux et des délibérations législatives.

ART. 3. — La confédération garantit aux citoyens des Etats leur libre établissement d'un Etat dans un autre et les protége à l'étranger.

ART. 4. — Les Etats sont souverains chez eux dans tout ce qui concerne la législation et l'administration intérieure de chaque Etat. Comme souverain, il leur est permis de faire, dans les limites constitutionnelles qu'ils se sont posées à eux-mêmes, tout ce qui n'est pas expressément interdit par les lois fédérales.

ART. 5. — L'organisation fédérale n'a dans sa compétence que les objets de législation et d'administration qui concernent l'union fédérale.

ART. 6. — La confédération impose à tous les Espagnols l'obligation d'être classés dans les rangs de la milice, pour être prêts à marcher à la défense du pays.

ART. 7. — Chaque citoyen d'un des Etats de la confédération est citoyen espagnol, et comme tel admissible à toutes les fonctions et à tous les emplois fédéraux.

TITRE II

ART. 8. — L'organisation fédérale se compose :
D'un conseil d'Etat fédéral de sept membres ;
D'un sénat députe par les Etats ;
D'une chambre de représentants du peuple espagnol ;
D'un tribunal fédéral.

TITRE III

ART. 9. — Le conseil d'Etat fédéral est chargé du pouvoir exécutif fédéral ; il est nommé pour trois ans par des électeurs spéciaux choisis dans chaque Etat en raison de la population et par le suffrage universel.
Il nomme les président et vice-président pour une année. Ces fonctions ne peuvent être exercées deux ans de suite.

ART. 10. — Le conseil fédéral est chargé du pouvoir exécutif de la confédération ; il est le chef suprême de l'armée fédérale, il nomme aux emplois civils et militaires fédéraux ; il communique avec les puissances étrangères, il reçoit les ambassadeurs, suit les négociations pour tous les rapports avec l'étranger ; il prend les mesures d'urgence pour la défense de la confédération et le maintien de la paix intérieure, sous sa responsabilité et dans les limites prescrites par les lois ; il fait l'ouverture des corps représentatifs fédéraux à la première session de chaque année, en posant les principes généraux de la politique fédérale de l'année. Il fait un rapport sur la politique suivie l'année précédente.

ART. 11. — Les actes du conseil fédéral sont contre-signés par des ministres responsables, à sa nomination, et qu'il peut changer à volonté. Les ministres peuvent être appelés dans les délibérations législatives pour y donner des renseignements ; ils ont le droit d'y venir sans être appelés lorsqu'ils sont attaqués sur des actes de leur administration.

TITRE IV

ART. 12. — Le sénat se compose de cinquante-deux membres, nommés directement par les *législatures* des Etats, et quatre par chaque Etat. Ses membres sont tenus de voter séance tenante, sans référer à leurs Etats, et suivant leurs convictions personnelles.

TITRE V

Art. 13. — La chambre des représentants est élue par le peuple espagnol à raison d'un député par...

Une loi des premières cortès fédérales pourvoira à la formation des colléges électoraux chargés d'élire directement les députés à la chambre des représentants. Pour l'élection de la première assemblée, on procédera comme pour l'élection des cortès constituantes dans ce moment réunies.

Art. 14. — Les députés à la chambre des représentants votent d'après leur conviction individuelle. Les colléges électoraux ne sont pas tenus de les choisir dans leur Etat; leur suffrage peut s'arrêter sur tous les Espagnols également.

TITRE VI

Art. 15. — Le sénat et la chambre des représentants se renouvellent tous les deux ans, ils choisissent l'un et l'autre leur président dans leur sein, et font leur règlement intérieur. Leurs séances sont publiques, sauf le cas d'un intérêt majeur où le secret serait réclamé par un tiers des membres.

Art. 16. — Ils se réunissent deux fois par an, leur session prend le nom de cortès fédérales, les sénateurs reçoivent une indemnité de leurs Etats, les représentants de la confédération.

Art. 17. — Les deux corps, outre leurs réunions ordinaires, peuvent être convoqués extraordinairement par le conseil fédéral.

TITRE VII

Art. 18. — Le sénat et la chambre des représentants partagent le pouvoir législatif fédéral; ils ont l'un et l'autre l'initiative. Les projets de loi peuvent être soumis à leur délibération par le conseil fédéral. Ils votent le budget annuel. Toutes les fois qu'un Etat aura chargé sa députation au sénat de présenter un projet de loi, ce projet devra être présenté dans les deux chambres. Le conseil fédéral rend compte annuellement aux deux chambres réunies en assemblée solennelle de sa gestion de l'année; chaque ministre fait ensuite un rapport sur son département. Les deux chambres nomment chacune une commission pour examiner le compte rendu du conseil fédéral et les rapports des ministres. Les chambres expriment leur opinion à cet égard par une réponse au conseil fédéral; s'il y a lieu de prendre une décision à cet égard, elle doit être votée d'accord par les deux chambres.

TITRE VIII

Art. 19. — La législation fédérale s'exerce seulement sur des objets d'intérêt fédéral; elle statue par des lois sur le maintien efficace des droits des citoyens garantis par la constitution fédérale: ainsi elle peut déterminer les conditions générales de la liberté individuelle, de la liberté de la presse, de la liberté de l'industrie, de façon à ce que jamais les lois des

Etats, civiles, commerciales, pénales ou administratives, puissent y porter une atteinte directe ou indirecte.

Art. 20. — Elle décrète l'organisation militaire fédérale, elle vote annuellement les impôts fédéraux, elle peut dans de graves circonstances décréter des emprunts. Les impôts fédéraux ne peuvent s'établir que sur des objets de compétence fédérale, comme les douanes et les postes : tout autre genre d'impôts reste dans la compétence des Etats, sauf si ceux-ci voulaient en concéder à la confédération d'une autre nature; mais en attendant on subviendrait aux dépenses qui pourraient excéder le produit des impôts fédéraux par des cotisations de chaque Etat, sur une échelle calculée suivant leurs ressources.

Art. 21. — La législation fédérale peut statuer sur l'établissement de routes fédérales, de chemins de fer, télégraphes, ports fédéraux et le régime colonial; elle règle tous les rapports généraux avec l'étranger; elle conclut les traités de commerce, d'amitié, de libre établissement et d'alliances; elle déclare la guerre et sanctionne la paix.

Les lois fédérales, pour avoir force, doivent avoir été votées par la majorité des membres des deux chambres; elles sont promulguées par le conseil fédéral vingt-quatre heures au moins après leur votation, et inscrites au Bulletin des lois fédérales. Elles deviennent exécutoires dans les délais nécessaires pour en faire parvenir la connaissance dans les difié rents Etats.

TITRE IX

Art. 22. — Le tribunal fédéral, suprême arbitre chargé du maintien des garanties constitutionnelles, reçoit les plaintes des citoyens, des corps constitués, des gouvernements des Etats et des pouvoirs fédéraux sur toutes violations aux lois constitutionnelles, cantonales et fédérales.

Lorsque la plainte porte contre des individus responsables suivant les lois et que le tribunal les reconnaît coupables, il leur applique la peine prévue par les codes des Etats desquels ils ressortissent ou les lois fédérales auxquelles ils sont soumis. Si la violation vient d'un peuple entier insurgé, d'un gouvernement d'un Etat ou d'une fraction de ce gouvernement, qui ne puissent être atteints par les lois existantes, le tribunal se borne à ordonner le rétablissement de la loi et à prononcer des indemnités en faveur de ceux qui ont souffert. Les pouvoirs fédéraux font exécuter sa décision au nom de toute la confédération et par tous les moyens dont elle dispose.

Art. 23. — Le tribunal se compose de vingt-six juges, institués pour dix ans et rééligibles (chaque Etat en nomme deux), et de six cents jurés tirés au sort chaque année, sur l'ensemble des citoyens qui composent les corps législatifs de chaque Etat.

Art. 24. — Le tribunal est présidé par un juge et deux assesseurs nommés par la chambre des représentants et le sénat réunis, choisis parmi les juges nommés par les Etats; un procureur général et deux substituts, élus comme le président et les assesseurs, siègent auprès de ce tribunal et sont chargés d'instruire les causes.

Art. 25. — Le tribunal rend ses jugements dans deux sessions annuelles, jusqu'à épuisement de toutes les affaires en état. A chaque session, trente-six jurés sont tirés au sort sur les six cents jurés de l'année, et douze sur les trente-six spécialement pour chaque cause; ce jury prononce sur le point de fait.

Art. 26. — Les vingt-six juges sont divisés en deux chambres qui jugent à tour de rôle, et à tour de rôle font office de chambre d'accusation. Le président classe les juges dans chacune des deux chambres.

Art. 27. — L'autorité fédérale et toutes les administrations centrales de la confédération siégeront à Madrid.

En produisant ici un texte bien incomplet de constitution fédérale, nous n'avons voulu que préciser les points essentiels de la forme organique qui nous semble la meilleure pour établir une constitution fédérale remplissant le but de laisser à chacun des Etats formant la confédération son autonomie, tout en maintenant dans son ensemble une nation espagnole plus puissante que jamais, et possédant toute la force centrale nécessaire pour maintenir sa dignité, son indépendance et son rang, tout en assurant sa liberté intérieure de manière à ce qu'il soit impossible d'y porter atteinte.

Une pareille organisation ne peut alarmer personne; il y a là pour les puissances étrangères une garantie d'intentions pacifiques telle que n'en pourrait donner aucune monarchie. Une confédération est toujours moins turbulente qu'une monarchie, elle n'a pas d'intérêts dynastiques à sauvegarder, elle n'a de mission que pour des intérêts pacifiques. Si elle est puissante pour la défensive, elle ne l'est pas pour l'agression.

Nous répétons ici ce que nous avons dit au commencement de cette lettre, c'est que, ce que l'on recherche surtout, dans l'établissement d'une monarchie, est précisément ce qui se rencontre avec plus de réalité dans la république fédérative telle que nous la proposons, c'est-à-dire l'impossibilité de tomber dans l'anarchie, et comme assurant au plus haut degré l'ordre uni à la liberté.

Dans son application immédiate, cette forme, en neutralisant de certaines ambitions, ouvrirait d'un autre côté une vaste carrière à toutes les ambitions légitimes.

Si d'une part les emplois de cour étaient supprimés, d'une autre, quel champ ouvert à toutes les capacités dans les gouvernements locaux qui se formeraient !

Si d'autre part l'armée permanente était diminuée, combien d'emplois pour ceux qui suivent la carrière militaire dans la formation des milices dont chaque Espagnol devrait faire partie. Il y aurait de deux à trois millions de miliciens à instruire et à former, et tout ce qui par la diminution de l'armée permanente se trouverait sans emploi aurait en compensation beaucoup d'occupation dans l'organisation de la milice.

Les finances fédérales pourraient sans inconvénient se charger de la dette actuelle; le revenu des douanes et des postes suffirait pour y satisfaire et pour couvrir les dépenses fédérales allégées des dépenses administratives de l'ensemble de l'ancienne monarchie; d'ailleurs les cotisations des Etats y suppléeraient s'il en était besoin. Le crédit de l'Espagne se rétablirait vite, et en bien peu de temps les revenus publics, soit dans les États, soit dans la confédération, prendraient un accroissement considérable, sans nouveaux impôts et sans fatiguer la nation.

Dans le projet qui vous est soumis, le pouvoir exécutif fédéral est, comme en Suisse, confié à un conseil et non à un président; celui qui serait nommé dans l'intérieur de ce conseil n'aurait pas d'autre attribution que de présider le corps dont il fait partie, sans y avoir de voix prépondérante qu'en cas de partage. Ceci est une sauvegarde contre de hautes ambitions et peut en même temps donner à plusieurs des notabilités dont l'Espagne s'honore la faculté de faire partie du pouvoir exécutif central, où leurs talents et leur dévouement pourraient être utiles. Il serait difficile aujourd'hui de nommer un président sans faire naître de rivalités; en le remplaçant par un conseil, nous croyons que c'est un progrès sur l'organisation américaine qui mérite d'être pris en considération.

Je me suis efforcé dans cette lettre de faire prévaloir l'idée qui me l'a inspirée, qui est que, dans la situation des choses en Espagne, ce qu'il y aurait de plus sûr pour prévenir tout retour à un régime arbitraire, tout en donnant à la fois l'ordre, la sécurité et la garantie des droits de tous, serait la république fédérative telle qu'elle est organisée dans l'Amérique du Nord et en Suisse.

C'est, quoi qu'on en dise, le gouvernement de l'avenir et celui qui dans toutes les formes d'organisation sociale connues, garantit le mieux la participation sincère des peuples au gouvernement de leur patrie, sans crainte de voir cette participation devenir la proie des intrigants et des ambitieux. Tout y est si bien pondéré qu'il est impossible que les malentendus ne s'y résolvent pas pacifiquement.

Il serait impossible d'obtenir d'une monarchie à créer, des résultats aussi satisfaisants.

Nous l'avons déjà dit, nous ne connaissons pas encore de monarchie qui n'ait mis en péril, dans l'intérêt de sa propre conservation, et la représentation sincère du peuple et la liberté des citoyens. Y a-t-il même une monarchie qui puisse subsister sans y porter atteinte, et n'est-ce pas là un motif constant de luttes fatigantes qui compromettent les destinées progressives d'une nation, en l'occupant sans cesse de luttes politiques intestines qui ne mènent à rien.

Et puis n'y a-t-il pas un grand embarras dans le choix de l'homme qui serait appelé à occuper le trône? Le choisirez-vous parmi vos

citoyens? Lequel dépasse aujourd'hui assez les autres pour en êt
digne? Irez-vous le chercher parmi les dynasties étrangères? A qu
reconnaîtrez-vous précisément celui qu'il vous faut et qui ne vo
exposerait pas à des défiances? Reprendrez-vous un Bourbon?
serait vous démentir, pour recommencer les années pénibles q
vous venez de parcourir? La monarchie est bien, dans la situati
des choses en Espagne, l'expédient qui vous expose le plus.

Croyez-moi, c'est dans la république fédérative seule, progrès r
du temps, que vous trouverez la stabilité, l'ordre, le repos, la libe
et la prospérité dont vous êtes dignes.

JAMES FAZY.

9196.— Paris. Typ. Alcan-Lévy, boul. de Clichy, 62